BIBLIOTHEQUE

MORALE ET LITTÉRAIRE

In-12 6ᵉ série

GASTON DE FOIX

VIE

DE

GASTON DE FOIX

PAR

Mlle CL. JURANVILLE

Auteur du **Voyage** *au pays des Merveilles, etc.*

LIMOGES

MARC BARBOU ET Cⁱᵉ, IMPRIMEURS-LIBRAIRES

Rue Puy-Vieille-Monnaie

—

1881

GASTON DE FOIX

DUC DE NEMOURS

Vice-roi de Milan et général des armées du roi Louis XII, en Italie.

PREMIÈRE PARTIE

Voici en quels termes pompeux et hyperboliques un ancien écrivain parle de Gaston de Foix avant de donner l'histoire de sa vie.

« Les fruits printaniers sont les plus beaux et les plus estimés à cause de leur rareté, mais ils sont de peu de durée et ne se gardent pas aussi longtemps que ceux que l'automne nous donne; les plus excellentes fleurs s'épanouissent le matin et sont flétries et fanées le soir; les plus éclatantes beautés durent le moins et sont semblables aux météores, qui étant les plus vifs et les plus brillants effets de la nature, passent si vite que les yeux les perdent aussitôt qu'ils les aperçoivent. Le courage et la vigueur martiale sont souvent de même, car il n'y a rien qui donne un plus assuré présage de leur fin prochaine que la violence de leurs commencements. Souvent on a fait cette remarque, que les plus vaillants capitaines, ceux qui agissent avec le plus de feu, ne vivent pas longtemps; de là, cet axiome que les choses les plus belles et les plus violentes ne sont pas de durée. Le héros dont je prétends décrire les plus remarquables actions, sa mort glorieuse et précipitée, est un exemple de cette vérité. »

Gaston de Foix, duc de Nemours, fils de Jean de Foix, vicomte de Narbonne, et de Marie d'Orléans, sœur de Louis XII, naquit en 1489. Ce prince avait l'esprit si prompt à la guerre que Louis XII le fit vice-roi de Milan à l'âge de vingt ans. Il fut contraint de lui donner des gouverneurs pour tenir en bride sa bouillante jeunesse ; pourtant, il faut dire que cette fougue était accompagnée de prudence et de jugement ; le roi avait reconnu ces qualités dans Gaston, lors d'un voyage qu'il fit avec lui en Italie.

Gaston, quoique très jeune, « grand capitaine avant que d'avoir été soldat », donna, là, les premières preuves de sa valeur et de son esprit. Les grands services qu'il rendit au-roi après avoir été revêtu de la dignité de vice-roi et de général, commencèrent par l'adresse qu'il fit paraître à renvoyer les Suisses venus pour attaquer les Milanais, d'après les persuasions du Pape et de Maximilien

Sforce. Ensuite, il défendit Bologne contre l'armée des Vénitiens et contre celle du Pape, qui y était en personne. Il les défit ; le Pape s'enfuit des premiers et obligea, par son exemple, tous les siens à s'en aller en déroute. Gaston apprit bientôt qu'André Gritti, le provéditeur de la république de Venise, avait surpris la ville de Brescia, mais que le château tenait encore. C'était, après celui de Milan, la plus importante place que le roi eût en Italie. Notre brave prince et les vaillants capitaines de l'armée résolurent d'aller faire tous leurs efforts pour reprendre cette ville, et, pour cet effet, ils usèrent d'une telle diligence et d'un tel bonheur qu'en s'y rendant ils taillèrent en pièces six mille hommes conduits par Jean Paul Baillon, capitaine général des Vénitiens. Celui-ci s'enfuit honteusement, abandonna ses gens et revint seul au même lieu d'où il était parti bien accompagné.

Ce beau succès fit avancer en diligence le duc de Nemours. Etant arrivé au château de Brescia, il fut averti qu'il y avait dans la ville un aussi grand nombre de gens de guerre qu'il en avait amenés avec lui, mais se fiant sur la valeur des siens et sur l'affection qu'ils lui portaient, il résolut de donner un furieux assaut à la ville : ce qu'il fit avec tant d'ordre, de bonne conduite et de vaillance que, malgré la résistance et le merveilleux effort des ennemis, la ville fut emportée de vive force. Plus de huit mille des ennemis furent tués en combattant, et tout le reste fait prisonnier avec le général André Gritti. Et, parce que les habitants avaient témoigné une grande aversion contre les Français par leurs trahisons et par l'obstination enragée avec laquelle ils se défendirent en jetant de l'huile bouillante sur eux, ils furent mis à sac, et douze mille des plus opiniâtres restèrent étendus sur le carreau.

A cet assaut, le duc de Nemours fit des merveilles de sa personne, il faillit être tué par le canon qui tomba deux ou trois fois à ses pieds. Bayard se signala à cette attaque et y fut blessé ; les Français perdirent peu de monde, et toute l'armée y fit un si grand butin qu'il fut estimé à trois millions d'écus. Ce butin apporta plus de perte que de profit aux affaires en général, car la plupart des gens de guerre s'étant enrichis, s'en retournèrent en France, tandis qu'on en aurait eu le plus grand besoin à la journée de Ravenne.

Gaston séjourna sept ou huit jours dans Brescia ; pendant ce temps, il donna des ordres et veilla à tout ce qui était nécessaire. Il fit trancher la tête au comte Louis Avogare et à ses complices, pour avoir voulu reprendre la ville par trahison. Cependant, le roi envoya plusieurs courriers au duc de Nemours pour l'obliger à finir le plus tôt qu'il pourrait la guerre en Lombardie, parce que, disait

Louis XII dans ses lettres, il ne pouvait entretenir tant de gens de guerre sans fouler son peuple, ce à quoi le bon roi avait une grande aversion. Cela obligea notre jeune héros à aller présenter la bataille aux Espagnols.

Il fit donc marcher l'armée et alla droit à Bologne, où le duc de Ferrare, à qui il avait rendu de grands services, le vint rejoindre. Il lui donna la conduite de son avant-garde ainsi qu'au seigneur de La Palice. Dans leur marche, ils rencontrèrent l'armée espagnole à quinze milles de Bologne, près d'un lieu nommé Castel-Saint-Pierre, elle était conduite par Raymond de Cardone, vice-roi de Naples. Ce n'était qu'or, azur et broderie ; tous les officiers et cavaliers de l'armée ennemie étaient très bien montés sur de grands coursiers de Naples, ou sur d'excellents chevaux d'Espagne, ce qui augmenta le désir des Français de donner la bataille. Mais les Espagnols fuyaient l'occasion et

se campaient toujours le plus avantageu-
sement possible, pour n'être contraints à
se battre que lorsqu'ils trouveraient le
temps et l'occasion bien favorables.

D'un autre côté, quelques-uns des
chefs français, les plus sages, ne conseil-
laient point qu'on hasardât la bataille,
alléguant que sa perte entraînerait celle de
toute l'Italie pour le roi, et que nul de
ceux qui resteraient ne pourraient en
échapper, parce qu'ils avaient trois ou
quatre rivières à passer, que tout le monde
était contre eux et que même ils n'é-
taient pas trop assurés de l'empereur.
Mais le désir de la gloire poussait au combat le vaillant duc de Nemours ; il était
encouragé dans son dessein par le seigneur
de la Palice, le grand sénéchal de Nor-
mandie et surtout par le bon chevalier
Bayard, en qui il avait la plus grande
confiance. Il résolut donc, à quelque prix
que ce fût, d'aller chercher l'ennemi et
de l'attaquer ; et pour l'obliger à se battre

contre sa volonté, le lendemain matin, qui
était le vendredi saint, Gaston fit assié-
ger et canonner la ville de Ravenne, dé-
fendue par Marc-Antoine Colonna; elle
soutint vigoureusement quelques assauts.
Comme l'on n'avait attaqué cette place
qu'à dessein de contraindre l'ennemi à
la venir secourir, l'armée fut mise en
bataille pour l'attendre, et, le samedi,
Bayard fut envoyé au devant avec ses
gens pour l'engager insensiblement par
quelques escarmouches et reconnaître sa
force. Il s'acquitta de sa mission avec un
grand bonheur, en sorte que le lendemain, qui était le jour de Pâques (11 avril
1512), le duc de Nemours résolut d'aller
trouver les ennemis et de les combattre.
Bientôt, les uns et les autres se mêlèrent
et combattirent avec beaucoup de courage; mais la valeur des Français fut telle
qu'encore qu'ils fussent beaucoup moins
nombreux que les Espagnols, ils renversèrent tout, et laissèrent plus de dix mille

hommes sur place ; il ne restait que quelques escadrons de cavalerie à défaire. La bataille gagnée, Bayard, voyant le duc de Nemours « couvert de sang et de cervelle humaine », lui demanda :

— Monsieur, êtes-vous blessé?

— Non, dit-il, mais j'en ai blessé bien d'autres.

— Or, Dieu soit loué, répliqua le chevalier, vous avez gagné la bataille, et demeurez aujourd'hui le plus honoré prince du monde, mais ne tirez plus en avant et ralliez-vous avec vos gens.

Gaston promit de suivre ce conseil ; mais, par malheur pour lui, il vit des enseignes de gens de pied espagnols qui se retiraient sains et saufs tout le long d'un grand canal, et qui avaient défait quelques Gascons. Le duc demanda à un homme qui se trouvait là quels gens c'étaient.

— Ah ! monseigneur, ce sont des Espagnols qui nous ont défaits !

Le pauvre prince, dépité, s'écria :

— Qui m'aime me suive, je ne saurais souffrir cela.

Et sans regarder qui le suivait, il se mit à la poursuite des Espagnols sur une chaussée étroite. Ceux-ci le renversèrent et coupèrent les jarrets de son cheval. Le duc combattit à pied l'épée au poing, et « jamais Roland ne fit à Roncevaux tant d'armes qu'il en fit là ». Mais enfin, accablé par la multitude, il fut tué par ces « enragés, » qui ne le voulurent jamais épargner, quoique le seigneur de Lautrec, son cousin, leur criât :

— Ne le tuez pas, c'est notre vice-roi, le frère à votre reine.

Il demeura sur le champ, après s'être défendu comme un lion. Il avait quinze blessures du menton au front.

Le reste de l'armée française était victorieuse de tous côtés ; mais quelle désolation parmi ceux qui entouraient le vaillant Gaston et qui l'aimaient tant !

Si deux mille hommes fussent venus les attaquer dans ce moment, ils n'eussent jamais eu le pouvoir de leur résister.

Cependant, après que les capitaines eurent tenu conseil, la ville de Ravenne fut prise d'assaut et cruellement saccagée; plusieurs places de la Romagne se rendirent aux vainqueurs.

Ainsi mourut glorieusement ce jeune et valeureux prince, à l'âge de vingt trois ans. Son corps fut mis dans une litière et porté en grande pompe à Milan, suivi de tous les prisonniers de marque qui servaient de trophée au funeste triomphe de ce foudre de guerre, (qu'on a surnommé aussi le foudre d'Italie) dont la gloire s'est évanouie comme un éclair. Le roi, son oncle, ressentit un tel déplaisir de cette mort, qu'il proféra ces tristes plaintes, à l'imitation d'Annibal :

« Je voudrais avoir perdu tout ce que j'ai en Italie, et que mon neveu de Foix vécût. Je souhaite de telles victoires aux ennemis, car si nous vainquions encore un coup de cette sorte, nous serions entièrement vaincus. »

DEUXIÈME PARTIE

Comment naquit l'infanterie française

La famille de Foix était intrigante et batailleuse, dit Michelet ; ses membres, «princes de montagnes,» passaient leur vie à suivre l'ours et le chamois. Chaussés de l'*abarca*, ou pieds nus sur les rocs glissants, ils disputaient d'audace et de vivacité aux chasseurs béarnais, aux coureurs basques. Gaston, placé à la tête de l'armée, trouva tout naturel d'exiger de l'infanterie une rapidité que jusque-là on n'osait demander aux cavaliers. Dans une course de deux mois (qui fut toute sa vie et son immortalité), il révéla la France à elle-même, démontrant, par une incroyable célérité de mouvements, une chose qu'on ignorait, c'est que les Français étaient les premiers marcheurs de l'Europe, — donc, le peuple le plus militaire. Le maréchal de Saxe a très bien dit :

— On ne gagne pas les batailles avec les mains, mais avec les pieds.

Par un temps effroyable, un ouragan de neige, lorsque personne n'osait regarder dehors, il fait une marche prodigieuse, passe devant les Espagnols, qui n'en savent rien, se jette dans Bologne assiégée, y jetté des soldats et des vivres.

Là, il apprend que Brescia se refait vénitienne. Avec la même célérité, entraînant l'infanterie au pas des cavaliers, il fait quarante lieues et fond sur Brescia. Pas une heure, pas un moment de halte ; l'assaut ! Mais, qui y montera ?

Les hommes d'armes trouvent le terrain glissant et tombent. N'est-ce que cela ? dit Gaston. Il ôte ses souliers et se met à monter pieds nus.

Gaston avait menacé la ville et dit qu'on tuerait tout. Effectivement, on égorgea quinze mille hommes. Cet affreux évènement fut un malheur pour Gaston même. Ses soldats s'y gorgèrent de butin, et se firent si lourds, qu'il en fut un moment paralysé. Beaucoup se crurent trop riches pour continuer la guerre ; ils repassèrent les Alpes.

Cependant, la situation ne comportait aucun délai ; Louis XII écrivit à Gaston qu'il lui fallait une bataille, une grande bataille et heureuse, ou qu'il était perdu.

Gaston n'avait plus qu'un jour pour vaincre ; il voyait que les Allemands allaient lui échapper.

Il était devant Ravenne ; il essaya d'emporter la ville pour voir si l'ennemi endurerait de la voir perdre sous ses yeux. Allemands, Français, Italiens, les trois nations, séparément, furent lancées à l'assaut ; mais la brèche n'était pas faite, il y avait à peine une trouée étroite. Les Colonna, qui étaient dedans, la défendirent avec une vigueur toute romaine. Aux cinquième et sixième assauts, l'armée se retira.

Les Espagnols étaient en vue comme un nuage noir, dans un camp extrêmement fort, entouré de fossés profonds, fermé de pieux, de madriers, de chariots à lances, sauf un petit passage pour la cavalerie. Ils étaient tout infanterie, la cavalerie était italienne. Pour les attaquer, il fallait se mettre entre eux et Ravenne, entre deux ennemis ; il fallait passer le Ronco, torrent contenu par des digues, et qui, en avril, était assez fort, Gaston le passa au matin ; les Allemands d'abord sur un pont, nos fantassins de France devaient passer ensuite.

Le capitaine Dumollard dit à ses rustres :

— Comment, compagnons, on dira que ces lansquenets ont passé avant nous! J'aimerais mieux avoir perdu un œil !

Tout chaussé et vêtu, il se jette dans l'eau, et les autres après lui. Ils en eurent jusqu'à la ceinture, et arrivèrent avant les Allemands.

Gaston, se promenant à l'aube, et, rencontrant des Espagnols, leur avait dit :

— Messieurs, je m'en vais passer l'eau, et je jure Dieu de ne pas la repasser que le champ ne soit à vous ou à moi.

Le soleil se levait très rouge, pour cette grande effusion de sang ; plusieurs en augurèrent que Gaston ou Cordane y resterait. Gaston était armé richement, pesamment, avec d'éclatantes broderies aux armes de Navarre. Seulement, il avait le bras nu jusqu'au coude, espérant le tremper dans le sang des Espagnols, ses ennemis personnels et de famille.

Il avait fait raser les digues, qui l'auraient séparé d'eux, et s'était avancé jusqu'à quatre cents pas. On voyait bien de là que la victoire resterait à ceux qui pourraient se réserver : il s'agissait d'attendre, de soutenir patiemment ce feu à bout portant. Les ravages ne pouvaient manquer d'être effroyables à si petite distance.

Pietro fit coucher ses Espagnols à plat ventre, sans point d'honneur chevaleresque. Les nôtres, au contraire, Français et Allemands, tinrent à honneur de figurer debout. Notre infanterie eut là une rude et solennelle entrée sur le champ de bataille. On ne sait ce qu'elle perdit ; mais ses capitaines, lui donnant l'exemple, et, tenant ferme au premier rang, périrent tous : quarante moins deux !

Après un combat opiniâtre, qui nous donnait l'avantage, des bandes d'Espa-

gnols, parvenues à se dégager, s'en allaient
vers Ravenne, au pas et fièrement ; mais
il leur fallait suivre une longue et étroite
chaussée. Bayard, qui revenait de la
poursuite avec quelques gens d'armes,
les vit et voulut les charger. Un seul
sort de la troupe, et lui dit gravement :

— Senor, vous voyez bien que vous n'a-
vez pas assez d'hommes ! Vous avez gagné
la bataille ; que cela vous suffise, et lais-
sez-nous aller, car si nous échappons,
c'est par la volonté de Dieu !

Bayard le crut, et d'autant mieux que
son cheval n'en pouvait plus.

Gaston eût dû en faire autant ; mais
ayant voulu poursuivre quelques fuyards,
il tomba percé sous leurs coups.

En deux mois, il avait pris dix villes
et gagné trois batailles. Il avait eu l'insi-
gne gloire, cet homme de vingt ans,
d'attacher son nom à la grande révolution
qui produisit l'infanterie sur le théâtre
des guerres. Il n'en fut pas indigne ; cette

révolution, qui devait amener l'égalité sur les champs de bataille, se trouva avancée le jour où, ôtant ses souliers, il monta à l'assaut en va-nu-pieds gascon.

* *
*

Le Devin de Carpi

En allant secourir Bologne, Gaston de Foix, accompagné de plusieurs seigneurs français, passa par une petite ville nommée Carpi, où il séjourna deux jours. Il y fut reçu par le seigneur de cette ville nommé Alberto Pio, comte de Carpi, non moins célèbre par le rôle qu'il avait joué dans les affaires d'Italie, que par sa grande science. Ce seigneur, entre autres curiosités, leur fit voir un homme merveilleux qui, d'après les lignes de la main, sur les traits du visage et de la physionomie, prédisait à chacun ce qui lui devait arriver, et — chose plus forte — leur disait de point en point ce qui leur était arrivé dans le passé.

Ce devin était un homme d'environ soixante ans, maigre, de moyenne taille, et dont les traits et l'ensemble annonçaient qu'il n'était pas né sous le ciel de l'Europe.

Gaston fut le premier qui lui tendit la main; il lui demanda s'il pourrait dire quels étaient ses penchants. Le devin répondit qu'ils étaient très honnêtes et très bons, mais que son cœur était rempli de tant de feu et de vigueur, qu'assurément il ne vivrait pas longtemps. Gaston lui dit encore : — Le vice-roi et les Espagnols attendront-ils la bataille ?

— Oui, répondit-il, et, sur ma vie, elle sera le vendredi-saint ou le jour de Pâques, et il y aura bien du sang répandu !

— Et qui la gagnera?

Il répliqua ces mots :

— Le camp demeurera aux Français, et les Espagnols feront une plus grande perte qu'ils n'en ont fait depuis cent ans; mais les Français payeront chèrement leur victoire !

Après cela, il dit leurs bonnes et mauvaises aventures aux seigneurs de La Palice et au vaillant Bayard, qui furent ravis de l'entendre; il leur disait sur-le-champ les choses les plus particulières et les plus secrètes qui leur étaient arrivées. Et pour faire encore mieux connaître sa science et en avoir un jour deux témoins illustres et irrécusables, il prit à part Bayard et La Palice, et leur dit :

— Je vois, Messeigneurs, que vous aimez bien ce brave prince qui est votre chef — et véritablement il le mérite; — mais je vous supplie de prendre bien garde à lui le jour de la bataille, car il court grand risque d'y être tué; s'il en échappe,

ce sera un des plus grands et des plus éle-
vés princes qui jamais sortit de France ;
mais il faut que je vous confesse, à mon
grand regret, que je trouve qu'il sera bien
difficile qu'il s'en puisse sauver ; et, pour
cet effet, pensez-y bien, car je veux que
vous me fassiez trancher la tête si jamais
homme fut en si grand danger de mourir
qu'il sera ce jour-là.

Il continua à leur dire beaucoup de
choses que le temps fit connaître vérita-
bles, soit pour le bien, soit pour le mal.

Nota. — En historien impartial, nous
devons dire ici que l'ouvrage qui rapporte
ces prédictions ne parut qu'en 1527, par
conséquent après..... leur accomplisse-
ment.

Dieu seul connaît l'avenir ; mais les as-
trologues ou devins de ce temps, quels que
fussent leurs moyens de prévoir, ne se
trompaient pas trop ; ils étaient pleins
de finesse et de sagacité.

Christine de Pisan dit, « qu'au temps

de Charles V, les grands princes séculiers n'osaient rien faire de nouveau sans leur commandement : ni château fonder, ni église édifier, ni guerre commencer, ni entreprendre grand voyage. »

*
*   *

Devises héroïques de Gaston de Foix

Un champignon.

Il est mûr en naissant.

Le champignon croît et mûrit en une nuit.
Ce brave Gaston fut fait vice-roi de Naples à l'âge de vingt ans, ce qui était une marque de sa maturité

—

Un jeune citronnier chargé de gros fruits.

Qu'il porte de beaux fruits quoiqu'il soit petit !

Le citronnier, quoique jeune, porte de gros citrons.

Gaston, qui mourut jeune, ne laissa pas de produire des actions aussi belles que beaucoup de vieux capitaines.

———

Un foudre qui sort d'une nue.

Il brise tout ce qu'il frappe.

Le foudre détruit tout ce qu'il rencontre en son chemin.

Gaston a défait les Suisses et est entré par force dans toutes les villes qu'il a assiégées.

———

Un rameau d'olivier et un rameau de cyprès passés en sautoir.

La victoire rend la mort douce.

La palme et le cyprès étant les symboles de la victoire et de la mort, on peut justement donner ces deux rameaux à Gaston, qui mourut victorieux à la bataille de Ravenne.

**

LEXIQUE

Annibal. — Fameux général carthaginois, qui avait juré une haine implacable aux Romains. Il les battit complètement à la bataille de Cannes, et leur tua 40,000 hommes. Il fut vaincu à la bataille de Zama, et mourut l'an 143 avant Jésus-Christ.

Jules II. — Pape de 1503 à 1513. Il forma contre les Vénitiens, avec Louis XII, roi de France, Ferdinand, roi d'Espagne, et l'empereur Maximilien la ligue dite de Cambrai (1508), et réduisit Venise à accepter les conditions les plus désavantageuses. S'étant brouillé avec Louis XII, il lui suscita des ennemis autant qu'il le put. C'est ce pape qui commença l'église de Saint-Pierre.

Roland. — Paladin fameux, neveu de Charlemagne. Son caractère est celui d'un brave guerrier, confiant et loyal. Son épée, la fameuse Durandal, a été célébrée par nos anciens chroniqueurs. Au retour d'une expédition d'Espagne, Roland tomba dans une embuscade dressée au col de Roncevaux (vallée des Pyrénées), par le traître Ganelon, et périt avec la fleur de la chevalerie française.

PALADIN. — Ce nom semble être dérivé de *Palatin* (comte du palais). Nom donné aux seigneurs qui accompagnaient Charlemagne, et par extension aux chevaliers errants.

FLEURS DE SANG

Pendant que nous faisions la guerre,
Le soleil a fait le printemps ;
Des fleurs s'élèvent où naguère
S'entre-tuaient les combattants.

Malgré les morts qu'elles recouvrent,
Malgré cet effroyable engrais,
Voici leurs calices qui s'ouvrent,
Comme l'an dernier, purs et frais.

Comment a bleui la pervenche ?
Comment le lis renaît-il blanc ?
Et la marguerite encore blanche
Quand la terre a bu tant de sang !

Quand la sève qui les colore
N'est faite que de sang humain,
Comment peuvent-elles éclore
Sans une tache de carmin?

Sous nos yeux l'étranger les cueille;
Pas une ne lui tient rigueur,
Et, quand il passe, ne s'effeuille
Pour ne point sourire au vainqueur.

Pas une ne dit à l'abeille :
« Je suis cette fois sans parfum ; »
Au papillon qui la réveille :
« Cette fois tu m'es importun. »

O fleurs, de vos tuniques neuves
Refermez tristement les plis,
Ne vous sentez-vous pas les veuves
Des jeunes cœurs ensevelis?

A nos malheurs indifférentes,
Vous vous étalez sans remords :
Fleurs de France, un peu nos parentes,
Vous devriez pleurer nos morts!

SULLY-PRUDHOMME.

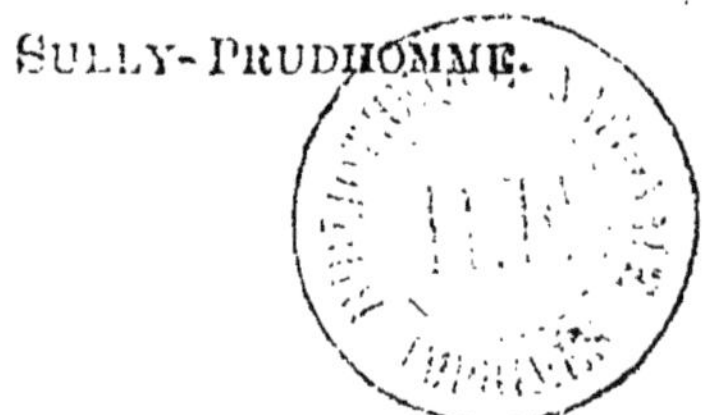

Limoges. — Imp. Marc Barbou et Cⁱᵉ.